MÉMOIRE

SUR

DES FRAGMENTS DE PAPYRUS

ÉCRITS EN LATIN

ET DÉPOSÉS AU CABINET DES ANTIQUES DE LA BIBLIOTHÈQUE ROYALE
AU MUSÉE DU LOUVRE
ET AU MUSÉE DES ANTIQUITÉS DE LA VILLE DE LEYDE

PAR M. NATALIS DE WAILLY

PARIS

IMPRIMERIE ROYALE

—

M DCCC XLII

EXTRAIT DES MÉMOIRES DE L'ACADÉMIE DES INSCRIPTIONS ET BELLES-LETTRES,
TOME XV, 1re PARTIE.

MÉMOIRE

SUR

DES FRAGMENTS DE PAPYRUS

ÉCRITS EN LATIN,

ET DÉPOSÉS AU CABINET DES ANTIQUES DE LA BIBLIOTHÈQUE ROYALE,
AU MUSÉE DU LOUVRE
ET AU MUSÉE DES ANTIQUITÉS DE LA VILLE DE LEYDE.

Il y a quelques années, je vis, au cabinet des antiques de la Bibliothèque royale, trois fragments de papyrus couverts d'une écriture à longs traits qu'on avait jusqu'alors jugée indéchiffrable, et que j'examinai moi-même sans arriver à un meilleur résultat. D'autres personnes avaient essayé aussi, mais inutilement, de lire un fragment de même nature déposé au Musée du Louvre. Je n'avais pas eu occasion depuis de songer à cette écriture extraordinaire, lorsqu'à la fin du mois de juillet dernier j'en reconnus tous les caractères dans un *fac-simile* placé à la fin de l'ouvrage que M. Massmann a publié à Leipsig, en décembre 1840, sous le titre de *Libellus aurarius*

sive Tabulæ ceratæ et antiquissimæ et unicæ romanæ in fodina aura-
ria apud Abrudbanyam, oppidulum Transsylvanum, nüper repertæ :
ce *fac-simile* reproduit le papyrus déposé à Leyde.

Avant de parler du résultat auquel est parvenu M. Massmann, il ne sera pas inutile de rappeler ce qui avait été dit
avant lui sur ces divers fragments de papyrus.

Le 16 août 1822, M. Saint-Martin lut à cette Académie une
notice, qui fut imprimée un mois après dans le Journal des
Savants, et qui renferme un passage fort court relatif aux
trois fragments de papyrus achetés depuis pour le cabinet
des antiques de la Bibliothèque royale.

« En outre, M. Casati possède des fragments de trois, ou au
moins de deux autres manuscrits sur papyrus, brisés au Caire
par la maladresse d'un caschef. Ces manuscrits venaient de
l'île d'Éléphantine. Ces morceaux de papyrus, dont nous allons
dire quelques mots pour n'y plus revenir, nous paraissent
écrits en latin; les lettres en sont fort grandes, mais tellement
surchargées de traits et de ligatures qui les défigurent entièrement, qu'il est fort difficile d'en reconnaître la forme; cette
circonstance, jointe à l'état de destruction très-avancé du papyrus, nous a empêché d'en entreprendre la lecture. Cette
écriture paraît être du genre de celle qui avait cours au temps
de Constantin et de Théodose; peut-être est-ce quelque ordre
ou rescrit adressé aux officiers romains cantonnés dans l'île
d'Éléphantine [1]. » Cette opinion est remarquable par sa jus-
tesse, et sert encore à constater la perspicacité, bien connue
d'ailleurs, de ce savant académicien.

La troisième lettre de M. Reuvens à M. Letronne fournit
quelques détails sur le papyrus de Leyde et sur ceux de Paris.

---

[1] Notice sur quelques manuscrits grecs apportés récemment d'Égypte. (*Journal des
Savants,* septembre 1822, p. 555.)

Il est question aussi, dans le passage que je vais citer, d'un papyrus grec portant le n° 5, et dont l'écriture, selon M. Reuvens, ressemblerait à celle du fragment publié par M. Massmann.

« Le n° 5, haut de 0^m,31 sur 0^m,37 de longeur (1 pied sur 1 pied 7 pouces à peu près), contient une seule colonne de seize lignes, laissant à main gauche un grand espace blanc, et ayant des interlignes fort larges. Rien n'indique clairement s'il manque ou non quelque chose à la fin.

« Le n° 53 [1], de la même hauteur à peu près, sur 0^m,91 (3 pieds moins 1 pouce) de longueur, contient trois colonnes, dont la première et la troisième sont mutilées. Les trois colonnes, chacune seulement de huit lignes d'écriture, remplissent toute la hauteur de la page; on peut juger d'après cela quelle doit être la grandeur des lettres et la largeur des interlignes.

« En effet, je ne saurais mieux comparer ces deux manuscrits qu'à l'écriture de la cour byzantine, dont Montfaucon a donné un échantillon [2], en observant toutefois que les interlignes du manuscrit cité par ce savant sont encore plus larges du double que ceux de notre n° 53, et que les lettres en sont aussi plus perpendiculaires et plus arrondies que celles de ce dernier papyrus; mais l'aspect général est assez ressemblant, surtout quant à l'énorme longueur de quelques traits.

« J'avoue que je ne sais encore rien déchiffrer à ces papyrus, dont le contenu paraît sortir de la sphère d'études auxquelles les autres engagent; seulement j'ai distingué, d'après un examen superficiel du n° 5, dont l'écriture est plus mo-

[1] C'est le fragment qui a été publié par M. Massmann.

[2] *Palæogr. græca*, p. 266.

deste, les mots ἔωθεν et ἐκκλησιῶν. Ce dernier mot peut servir en quelque sorte de phare dans ces parages inconnus.

« M. Saint-Martin a noté parmi les papyrus Casati quelques fragments de papyrus qui, d'après sa description, me paraissaient ressembler aux nôtres, mais que ce savant conjecture être latins (*Journal des Savants*, sept. 1822, p. 555). Ils proviennent d'Éléphantine, les nôtres de Philæ. Je présumais également que ce voisinage pouvait donner lieu à d'autres rapprochements; mon attente n'a point été trompée. Le fragment que j'ai vu depuis, à Paris, à la Bibliothèque du roi, sans doute le même que celui noté par M. Saint-Martin, ressemble entièrement par la forme des caractères à notre n° 53; il a 0^m,90 de longueur. Mais le Musée Charles X, à Paris, possède encore un troisième échantillon de la même écriture, long d'à peu près 0^m,50; c'est apparemment celui que M. Champollion le jeune a décrit sous ces mots : « Fragment de papyrus en latin, « semblable à ceux qu'a publiés l'abbé Marini. » Je regrette beaucoup que les *Papiri diplomatici de Marini* ne se trouvent point dans ce moment sous ma main pour vérifier la comparaison faite par M. Champollion. Il est bien probable que tous les fragments que je viens de citer appartiennent à une même découverte, et que les trois qui sont écrits en grands caractères font partie d'une seule pièce; il est très-possible encore que d'autres musées, par exemple celui de Turin, possèdent de quoi compléter, soit ce même manuscrit dispersé, soit le premier, en petits caractères, que nous avons décrit sous le n° 5 [1]. »

Neuf ans après la publication des lettres de M. Reuvens, M. Champollion-Figeac résolut d'insérer dans le recueil des-

---

[1] *Lettres à M. Letronne sur les papyrus bilingues et grecs, et sur quelques autres manuscrits gréco-égyptiens du Musée d'antiquités de l'université de Leyde,* par C. J. C. Reuvens, 1830, 3ᵉ lettre, p. 34 et 35.

tiné à l'école des chartes un *fac-simile* du papyrus déposé à la Bibliothèque royale. Il écrivit à cette occasion une notice qui est datée du mois d'octobre 1839, et dans laquelle il déclare ne pouvoir dire si le texte de ce manuscrit est grec ou latin [1].

En 1840 parut la Description raisonnée des monuments égyptiens du Musée d'antiquités des Pays-Bas à Leyde, par le docteur Leemans, directeur du Musée. La courte notice consacrée dans cet ouvrage [2] à notre fragment de papyrus prouve que le problème n'avait pas encore reçu de solution.

Ce fut pendant l'automne de cette même année 1840 que M. Massmann exécuta, pour le joindre à son *Libellus aurarius,* le *fac-simile* du papyrus de Leyde. Il annonce dans sa préface n'avoir pas employé plus de six heures à déchiffrer ce manuscrit.

En comparant l'excellent *fac-simile* exécuté par M. Massmann avec la transcription qui le précède et l'alphabet qui détermine plus clairement la forme de chacune des lettres employées dans cette ancienne écriture, on reconnaîtra que cet auteur a eu le double mérite de résoudre en fort peu de temps et d'une manière complète un des problèmes les plus difficiles que puisse présenter la paléographie latine.

Je devais naturellement éprouver le désir de mettre à profit cette ingénieuse découverte, en essayant de déchiffrer les fragments dont je n'avais rien pu tirer quelques années auparavant. Guidé comme je l'étais par des données tout à fait positives, je réussis, sans trop de difficulté, à lire les portions de lignes qui étaient le mieux conservées. Je reconnus d'abord que plusieurs mots semblaient se rattacher au texte publié

---

[1] *Chartes et manuscrits sur papyrus de la Bibliothèque royale,* collection de *fac-simile* accompagnés de notices historiques et paléographiques, et publiés pour l'école royale des chartes, d'après les ordres de M. le ministre de l'instruction publique, par M. Champollion-Figeac, Paris, 1840.

[2] Page 130, n° 421.

par M. Massmann; bientôt après j'eus la certitude qu'un des fragments déposés à la Bibliothèque royale s'adaptait exactement à l'une des extrémités du papyrus de Leyde. Il était naturel alors de supposer que les deux autres fragments de la Bibliothèque, et peut-être aussi celui du Louvre, que je ne connaissais pas encore, faisaient partie du même acte; j'espérais même que cet acte pourrait être à peu près complété par la réunion de ces lambeaux dispersés dans trois dépôts différents; mais, lorsque j'en eus terminé la lecture, je dus renoncer à cet espoir, et, loin d'avoir un acte complet, je crois aujourd'hui que ces courts fragments appartiennent à deux pièces différentes.

J'essayerai de démontrer que ces deux pièces sont des rescrits impériaux adressés à un magistrat d'Égypte, peut-être au préfet augustal, et plus probablement au gouverneur de la Thébaïde; j'espère prouver ensuite que deux des fragments de la Bibliothèque royale et le fragment de Leyde appartiennent à l'un de ces rescrits, et qu'il faut rattacher à un second acte de même nature le troisième fragment de la Bibliothèque et le fragment du Louvre.

M. Massmann, qui le premier a déchiffré le texte du papyrus de Leyde, pense que c'est une portion d'un décret impérial ordonnant l'annulation d'un acte de vente arraché par violence à un soldat nommé Isidore. On a vu que M. Saint-Martin, dans sa notice, exprimait, sous la forme du doute il est vrai, une opinion à peu près semblable sur les fragments de la Bibliothèque royale. Enfin M. Reuvens croyait aussi que le papyrus de Leyde était un fragment de quelque acte impérial, puisque, dans sa troisième lettre à M. Letronne[1], il dit ne pouvoir mieux comparer ce manuscrit qu'à l'écriture de la cour byzantine, dont Montfaucon a donné un échan-

---

[1] Page 34.

tillon[1]. Comme une écriture à longs traits, séparée par de grands interlignes, semble avoir été en quelque sorte réservée pour les diplômes des princes souverains, il n'est pas étonnant que M. Saint-Martin et M. Reuvens aient cru reconnaître dans ces papyrus une nouvelle trace de cet ancien usage. L'opinion de ces deux savants, qui s'accorde avec celle de M. Massmann, donne déjà quelque probabilité à la thèse que j'ai entrepris de développer, et les nouveaux renseignements que j'ai aujourd'hui à ma disposition suffiront, je l'espère, pour établir que ces fragments divers appartiennent à des rescrits impériaux.

Avant de faire connaître le texte de ces fragments, je dois expliquer en peu de mots l'ordre que je crois devoir leur assigner. Le papyrus de Leyde se compose de vingt-quatre lignes réparties en trois colonnes, dont la première et la troisième sont mutilées. C'est à cette dernière colonne que vient s'adapter le plus petit des fragments de la Bibliothèque royale : il ne peut y avoir sur ce point aucune espèce de doute, puisque par ce rapprochement on complète des lettres mutilées qui appartiennent à cinq lignes différentes. Les deux autres fragments de la Bibliothèque royale comprennent chacun sept lignes plus ou moins incomplètes; l'un de ces fragments ne paraît pas avoir été mutilé dans la partie supérieure; en tête de l'autre, au contraire, on remarque deux traits qui appartenaient à une ligne précédente. Ce dernier fragment avait donc au moins une ligne de plus dans le haut; je suppose que l'autre en avait une de plus dans le bas, mais elle devait être fort courte, parce qu'on ne distingue aucune trace d'écriture sur une portion de papyrus qui subsiste à neuf centimètres environ du point où cette ligne aurait dû commencer.

[1] *Palæogr. græca*, p. 266.

3.

Ce fragment doit, selon moi, précéder immédiatement le commencement du papyrus de Leyde. Quant au fragment dont la partie supérieure porte la trace de deux traits appartenant à une ligne précédente, je crois devoir le placer immédiatement avant le papyrus du Louvre, dont le haut n'offre aucune trace de mutilation [1]. La disposition que je viens d'indiquer n'est justifiée, quant à présent, que pour le fragment qui s'adapte matériellement à la troisième colonne du papyrus de Leyde; mais j'ai pu me permettre d'adopter provisoirement, pour faciliter l'intelligence du texte, un ordre que je crois le meilleur, et contre lequel d'ailleurs l'état matériel de ces papyrus ne fournit aucune objection. J'ai cru devoir aussi combler les lacunes, malheureusement trop nombreuses, que présentent ces fragments, et suppléer des lettres, des syllabes ou même des mots entiers. Je suis loin de demander qu'on ajoute une entière confiance à des hypothèses qui peuvent approcher quelquefois de la certitude, mais qui souvent aussi doivent seulement être présentées comme ne choquant pas la vraisemblance. Cette partie conjecturale du texte est placée entre crochets.

FRAGMENT D'UN PREMIER RESCRIT [2].

. . . .

1. Ab iniquis eorum detentatoribus s[ibi] restitui;
2. Insu[pe]r etiam precatur

---

[1] Le fragment du Louvre renferme six lignes seulement : il ne reste de la dernière ligne que trois lettres; mais cette ligne ne devait pas avoir plus de neuf centimètres de longueur. En effet, une portion de papyrus qui se trouve à dix centimètres du point où commence l'écriture ne laisse voir que des traits appartenant à la septième ligne, aujourd'hui détruite.

[2] Les sept premières lignes appartiennent au premier fragment de la Bibliothèque royale; la huitième, qui est une restitution, est supposée appartenir au même papyrus; celui de Leyde comprend les lignes portant les n°° 9 à 32, si l'on en excepte toutefois les lettres et les mots précédés du signe — dans les lignes 26 à 31 : ces additions sont fournies par le plus petit fragment de la Bibliothèque royale.

3. Empti[on]ale instrumentum, quo[d] per v[im a]c necessitatem legibus
   inimica[m]
4. Vili [pr]etio dato super possess[i]onib[u]s ad se pertinentibus conf[ec-
   tum est],
5. Nul[lum] sibi praejudiciu[m] gen[era]re,
6. Sed, e[xiguo pret]io quod revera da[tum] est cum legitimis usuris
   refuso,
7. [Illas cum sibi d]ebitis fruc[tibus re]cuperare;
8. [Denique]
9. [Idem N...... *ou* idem precator de]siderat solacia ex militia sua
   debita
10. [A suprascripto u]surpatore sibi restitui.
11. [N...... *ou* Frater amantissi]me ac jucundissime,
12. [Laudanda igitur e]xperi[e]ntia tua,
13. [Cui tanta auctorita]s inest,
14. [Si res ad jurisdi]ctionem suam pertineret[1],
15. [Lata sententia, a]d solutionem debiti vix tandem sine ulla vana dila-
    tione
16. [Jubeat N...... ju]xta legum tenorem constringi;
17. Iniquos vero detentatores mancipiorum ad eum pertinentium
18. Portionem ipsi debitam resarcire;
19. Nec ullum precatorem ex instrumento emptionali
20. Pro memorata narratione per vim confecto praejudicium pati,
21. Sed, hoc viribus vacuato,
22. Possessiones ad ipsum pertinentes cum debitis fructibus,
23. Minimo pretio quod revera accepisse probatur
24. Cum legitimis usuris reddito, ab iniquis detentatoribus
25. Eum recipere praecipiat,
26. Praefato scilicet Isidor — o
27. Solacia sive emolumenta e — x militia sup[ra dicta debita],
28. Quae perperam in suum l — ucrum dicitur [vertisse],
29. Restituere compelle — ndo;

[1] Les lettres r *e*, appartenant à la dernière syllabe du mot *pertineret*, portent dans leur partie supérieure la trace d'une surcharge; il pourrait se faire que ce fût un trait destiné à indiquer la suppression de ces deux lettres: au lieu de *pertineret*, il faudrait lire alors *pertinet*, qui convient sans contredit beaucoup mieux.

30. Ita tamen ut personae — ad jus spectabili tri[buatur facultas].
31. Cessante militari appar — itionis suae a[u]xili[o],
32. In provinciali jud[icio] . . . . . .

FRAGMENT D'UN DEUXIÈME RESCRIT[1].

. . . .
1. Thermuthiam q[uam l]ibertate d[onaverat],
2. Tamquam ingratam ad pristinum [sta]tum servitutis retrahere.
3. Andrea frater amantissime,
4. [Inlus]tris itaque auctoritas tua,
5. [Si rem a]d suam jurisdictionem pertinere cognoverit,
6. [Conven]ciones quas timor extorsisse detegitur antiquari,
7. [Jumenta? vero, q]uae sub certa ca[usa d]edisse testatur,
8. Causa non secuta, legibus ei redhiberi praecipiat;
9. Et libertam, quae patronam contumeliis dicitur offendisse,
10. Ad pristinam fortunam reduci decernat;
11. Dispositura
12. Vend[ition]em, servi quam pr[e]ce signati violent[e]r [e]um celebrare
    [coegerunt],
13. Inf[irmari];

. . . .

Quelques mots de ce texte ne se rencontrent, je crois, que dans la langue des jurisconsultes; tels sont : *detentator, usurpator, solacia*, dans le sens de *salaire, tenor* signifiant *teneur*. Quelques dictionnaires avaient cité l'adjectif *emptionalis* comme employé par Cicéron dans un passage où l'on a reconnu depuis qu'il fallait lire le composé *coemptionalis* : les auteurs auxquels on doit cette rectification ne donnent aucun autre exemple du mot *emptionalis*, qui se rencontre ici deux fois, et qu'ils auraient pu trouver dans plusieurs passages du code Justinien,

[1] Les sept premières lignes appartiennent au troisième fragment de la Bibliothèque royale, et les six dernières au fragment du Louvre.

notamment dans le titre *De fide instrumentorum*[1]. Plusieurs mots d'un usage ordinaire sont réunis dans ce texte, de manière à composer des locutions qui ne peuvent convenir non plus qu'à la langue du droit : j'en indiquerai quelques-unes... *pretio cum legitimis usuris refuso,* — *sine ulla vana dilatione,* — *instrumentum per vim confectum,* — *viribus vacuatum,* — *ad jurisdictionem pertinere,* — *sub certa causa dare,* — *causa non secuta, etc.* Il me serait facile d'ajouter à ces exemples, mais ceux que j'ai cités suffisent, je crois, pour faire reconnaître dans ce texte des mots et des locutions que l'on rencontre souvent dans le droit romain, et qu'il serait difficile de trouver ailleurs. M. Massmann avait exprimé avant moi[2] la même opinion sur le style du manuscrit de Leyde : « Hoc quidem certum est in codice nostro « Lugdunensi forense dicendi genus, quale extitit inde a Justi- « niani imperatoris tempore, accurate et constanter servari; ad « quod probandum conferas Brissonii Dictionarium juridicum « sub vocibus *usura, solatium, emolumentum, portio, dilatio, con-* « *stringere, resarcire, restituere, compellere, precatio, usurpator, de-* « *tentator.* »

Si de l'examen des mots on passe à celui des idées qu'ils expriment, on est encore amené à reconnaître que ce texte appartient nécessairement à un acte juridique. Je vois, en effet, qu'il y est question de la rescision d'une vente entachée de violence, de la restitution d'un salaire qu'on s'est approprié injustement, du payement d'une dette, de détenteurs injustes d'esclaves appartenant à un tiers, d'une affranchie ingrate qu'il faut réduire en servitude. J'y remarque, en outre, le mot *desiderat,* qui, dans le langage du droit, a la signification de notre verbe *requérir,* comme il me serait possible de le justifier par de nombreux exemples. Le verbe *precatur,* qui a le même

---

[1] L. 17.   [2] Page 149.

sens et que je lis dans le premier fragment de la Bibliothèque royale, m'autorise à voir, dans le mot *precator*, un équivalent des mots *requérant, suppliant, demandeur*, bien qu'à ma connaissance les dictionnaires lui attribuent seulement l'acception d'*intercesseur*. Cette interprétation est d'ailleurs justifiée par l'emploi très-fréquent des mots *precatio* et *preces* dans le sens de *requête*. Il s'agit donc ici de *demandeur* et de *requête*. Cependant ce texte ne peut pas être un fragment de requête, puisqu'il renferme l'allocution suivante, *Andrea frater amantissime*, qui ne peut convenir au langage d'un demandeur, et qui, au contraire, se rencontre souvent dans les rescrits impériaux. Brisson, dans son Traité des formules [1], prouve que les empereurs accordaient aux gouverneurs des provinces et aux comtes les titres de *frater amantissime, carissime* ou *jucundissime*. Un des exemples qu'il en donne est tiré de la novelle *De patrimonialibus rei dominicæ*, rendue par Théodose en 438, et la formule *frater amantissime*, adressée à un comte, y est suivie des mots *inlustris igitur auctoritas tua*. Or, après les mots *frater amantissime*, je trouve, dans le troisième fragment de la Bibliothèque royale, les mots *itaque auctoritas tua*, précédés de la syllabe *tris*, et je n'hésite pas à rétablir là les deux premières syllabes du mot *inlustris*. Voilà donc deux lignes de l'un de nos fragments qui reproduisent exactement deux formules de rescrits impériaux. J'ajoute que le mot *jucundissime*, suivi, dans la première colonne du fragment de Leyde, des mots *experientia tua*, rappelle encore d'autres formules du même genre. Une constitution de Valentinien, Théodose et Arcadius [2], adressée entre les années 383 et 392, à Optatus, préfet augustal, me fournit l'exemple suivant : *Optate karissime ac jucundissime, quare laudabilis auctoritas tua*. On trouve, dans le

---

[1] Page 298. — [2] Extravagans, *De episcopali judicio*, l. 3.

titre *De petionibus* du code Théodosien, *laudanda igitur experien-tia tua;* dans le titre *De decurionibus* du même code[1], Théodose le Grand, s'adressant à Potamius, préfet augustal en 392, se sert aussi des mots *experientia tua.* Ces exemples justifient, ce me semble, la restitution que j'ai proposée pour le commencement de la troisième et de la quatrième ligne de la première colonne du fragment de Leyde. Si ce résultat n'est pas contesté, je puis invoquer ces deux lignes comme renfermant encore des formules qui se rencontrent dans plusieurs rescrits impériaux.

En examinant les novelles du code Théodosien, qui fournissent un grand nombre d'exemples de formules analogues, on reconnaît que ces allocutions directes ne font presque jamais partie du début de l'acte. C'était après avoir exposé les faits propres à motiver leurs décisions, que les empereurs, s'adressant directement aux comtes ou aux préfets, leur indiquaient des mesures à prendre ou des ordres à exécuter. Ainsi, quand il s'agissait d'une loi, l'empereur commençait ordinairement par en exposer les motifs, il en faisait ensuite connaître les dispositions, enfin il ordonnait de la mettre à exécution ou de la promulguer; et, la plupart du temps, cet ordre était immédiatement précédé d'une allocution directe, semblable à celles que je viens de citer. Or, on peut remarquer que, dans le fragment de Leyde, les formules dont il ne subsiste que les mots *jucundissime* et *experientia tua* sont précédés d'une phrase qui semble appartenir à un récit : *desiderat solacia ex militia sua debita sibi restitui.* Ces mêmes formules, au contraire, sont suivies du verbe *præcipiat,* dont le mode exprime, soit un ordre, soit une prière. Je trouve donc ici un nouveau point de ressemblance entre un grand nombre de rescrits impériaux et le

[1] L. 126.

texte du fragment de Leyde. Cette observation acquerra plus d'importance quand j'aurai démontré que le passage sous forme de récit, contenu dans le premier fragment de la Bibliothèque royale, doit précéder le fragment de Leyde, et que les ordres exprimés dans le papyrus du Louvre doivent être placés après le fragment où se trouve la formule, *Andrea frater amantissime*. Cette hypothèse est d'ailleurs confirmée par l'emploi du pronom *se* et de l'adjectif *suus*, qui, d'après le sens, se rapportent évidemment au demandeur, dans les passages suivants : *ab iniquis eorum detentatoribus SIBI restitui, — possessionibus ad SE pertinentibus, — nullum SIBI præjudicium generare, — solacia ex militia SUA debita SIBI restitui*; or le demandeur ne doit être naturellement le sujet principal de la phrase que dans la partie du rescrit consacrée à l'exposition de l'objet de sa demande. Au contraire, quand il s'agit de l'exécution des ordres de l'empereur, c'est le fonctionnaire auquel ces ordres s'adressent, qui devient le sujet principal de la phrase, et le demandeur est désigné par les pronoms *is* et *ipse* dans les passages du papyrus de Leyde qui font suite à l'allocution directe *jucundissime...... experientia tua*. Je lis en effet, dans les deux dernières colonnes de ce papyrus : *mancipiorum ad EUM pertinentium, — portionem IPSI debitam, — possessiones ad IPSUM pertinentes, — EUM recipere præcipiat*. Il est vrai que l'adjectif possessif *suus* se rencontre trois fois dans la même partie du texte; mais la première fois il est joint au mot *jurisdictionem*, et se rapporte par conséquent au fonctionnaire auquel s'adressent les ordres de l'empereur; dans les deux autres exemples, cet adjectif fait partie d'incises dont la première, au moins, *quæ perperam in SUUM lucrum dicitur vertisse*, ne peut évidemment se rapporter au défendeur : il est permis de supposer qu'il en est ainsi de la seconde, *cessante militari apparitionis SUÆ auxilio*.

Je crois avoir établi, sinon avec une entière certitude, au moins avec une grande probabilité, que ces papyrus sont des fragments d'un ou de plusieurs rescrits impériaux : j'ajoute que ces rescrits ont été adressés à un magistrat d'Égypte, peut-être au préfet augustal, ou, plus probablement, au gouverneur de la Thébaïde.

On ne peut guère douter, d'abord, qu'ils n'aient été adressés en Égypte. A défaut d'autre preuve, je pourrais invoquer celle qui résulte de la *provenance* de ces fragments. M. Leemans annonce, comme on l'a vu plus haut, que le papyrus de Leyde a été trouvé dans l'île de Philæ; celui de la Biblothèque royale, acheté en 1822 à M. Casati, venait de l'île d'Éléphantine; quant à celui du Louvre, on m'a dit qu'il avait fait partie de la collection de M. Salt, ancien consul anglais en Égypte. Mais si l'on veut bien admettre provisoirement, comme j'essayerai bientôt de le prouver, que le papyrus du Louvre se rattache à l'un des fragments de la Bibliothèque royale, et si l'on se rappelle que l'un des deux autres fragments de cette bibliothèque s'adapte exactement à l'une des extrémités du papyrus de Leyde, il deviendra évident que toutes ces portions d'actes doivent provenir d'un même lieu. Cette opinion, au reste, est celle de M. Reuvens, qui va jusqu'à supposer que ces débris appartenaient à une même pièce. L'origine égyptienne de l'un des fragments de la Bibliothèque royale est attestée, d'ailleurs et d'une manière incontestable, par le nom propre *Thermuthia*. Jablonski, dans son Panthéon des Égyptiens [1], prouve, par des passages de S. Épiphane et d'Élien, que ce peuple adorait une divinité appelée *Thermuthis*; il ajoute que ce nom, si l'on en croit l'historien Josèphe [2], était celui de la princesse qui sauva Moïse des

---

eaux, et que Ptolémée le géographe appelle Θερμουθιακός un
des bras du Nil qui communique avec la branche sébenny-
tique. Or, il est constaté que les Égyptiens étaient dans l'usage
de prendre les noms de leurs divinités [1].

Quel est le magistrat d'Égypte auquel furent adressés les
ordres contenus dans ces fragments? Il est naturel de supposer que c'est le gouverneur de la province dans laquelle est
situé le lieu d'où ces papyrus nous sont venus. Puisqu'ils ont
été rapportés de l'île de Philæ ou de l'île d'Éléphantine, ils
intéressaient probablement un habitant de la Thébaïde. Le
titre de *frater amantissime* était accordé, comme on l'a vu, aux
gouverneurs des provinces; mais ce n'est pas là une preuve
suffisante, puisque ce titre se donnait aussi à d'autres digni-
taires. Il faut rechercher si les gouverneurs des provinces
avaient mission de prononcer dans des affaires du genre de
celles que mentionne notre texte. La loi 10 du titre *De officio
præsidis* [2] constate qu'ils avaient des pouvoirs fort étendus, que
leur juridiction comprenait toutes les causes dont connais-
saient le préfet de Rome, le préfet du prétoire, les consuls,
les préteurs, et les autres magistrats de la ville. La loi 6 du
même titre renferme des indications plus précises : elle prouve
qu'ils étaient chargés d'empêcher les exactions illicites et en-
tachées de violence, les ventes extorquées par la crainte, les
pertes et les profits injustes. La loi 7 du titre *De jure patronatus* [3] fournit un autre renseignement sur les attributions des
gouverneurs des provinces : « Mandatis imperatorum cavetur
« ut etiam in provinciis præsides, de querelis patronorum jus
« dicentes, secundum delictum admissum libertis pœnas irro-
« gent. » D'après les lois que je viens de citer, les gouverneurs

---

[1] Jablonsky, *Panth. Æg.* I, p. 104.   [2] *Dig.* lib. XXXVII.
[3] *Dig.* lib. I.

des provinces avaient qualité pour exécuter au moins les deux dispositions sur lesquelles notre texte s'exprime le plus clairement, je veux dire celles qui concernent la vente extorquée par la crainte et la punition de l'affranchie ingrate[1]. Puisqu'ils étaient chargés, d'ailleurs, d'empêcher les pertes et les profits injustes, *iniquum damnum aut lucrum*, ils avaient le droit de faire rendre à un fonctionnaire le salaire qui lui était dû, à un maître les esclaves qui lui appartenaient.

Quoique je n'aie pas rencontré de textes qui assignent clairement au préfet augustal les mêmes attributions judiciaires qu'aux gouverneurs des provinces, on ne peut pas douter qu'il n'en fût investi, puisque son autorité est assimilée par un passage d'Ulpien[2] à celle des proconsuls, et que d'ailleurs elle était supérieure à celle des gouverneurs des provinces d'Égypte, dont il était le chef immédiat.

On se demandera peut-être s'il n'y aurait pas lieu d'admettre ici une troisième hypothèse et de supposer que ces ordres ont été adressés à un autre dignitaire, par exemple au préfet d'Orient. En effet, dira-t-on, un empereur écrivant au préfet augustal ou au gouverneur de la Thébaïde, aurait-il ajouté aux mots *auctoritas tua* l'épithète *illustris,* qui, dans les novelles du code Théodosien, est toujours réservée à des magistrats de l'ordre le plus élevé? Si les formules de la chancellerie im-

---

[1] C'est ce que prouve encore le rescrit suivant : « Si pater tuus per vim coactus « domum vendidit, ratum non habebitur « quod non bona fide gestum est : malæ fi- « dei enim emptio irrita est. Aditus itaque « nomine tuo præses provinciæ auctorita- « tem suam interponet : maxime cum pa- « ratum te proponas id, quod pretii nomine « illatum est, emptori refundere. » Cod. liv. IV, t. xliv, l. 1.

Comme les gouverneurs des provinces avaient la même juridiction que le préfet de Rome, on peut invoquer aussi le § 10 de la loi 1 du titre *De officio præfecti Urbi* (*Dig.* lib. I) : « Cum patronus contemni se « a liberto dixerit, vel contumeliosum sibi « libertum queratur, ... vel quid huic « simile objicit, præfectus Urbi adiri solet, « et pro modo querelæ corrigere eum, etc. »

[2] *Dig.* lib. I, *De officio præfecti Ægypti.*

périale avaient toujours été invariablement fixées, il serait
difficile de répondre à cette objection. Mais on ne peut guère
douter que les épithètes *illustris, spectabilis, clarissimus,* avant
de désigner trois degrés différents dans la hiérarchie des di-
gnitaires de l'empire, n'aient été longtemps employées comme
des formules de politesse qui ne s'accordaient sans doute qu'à
des personnages considérables, mais qui cependant n'étaient
pas réglées par les lois d'une étiquette rigoureuse. D'ailleurs,
si l'on considère qu'il s'agit ici d'un simple procès, on reconnaîtra que l'empereur devait notifier sa décision au magistrat
chargé de prononcer sur ces intérêts d'un ordre secondaire. Il
me paraît donc plus sûr de s'en tenir à l'hypothèse qui se
concilie le plus naturellement avec le sens de l'acte et avec
les textes relatifs à la juridiction des gouverneurs de provinces.

Je prouverai facilement, je l'espère, que ces fragments appartiennent à deux rescrits différents. J'ai examiné un grand
nombre de novelles de Théodose et de Justinien : la plupart
m'ont fourni des exemples d'allocutions directes analogues à
celles que j'ai déjà fait remarquer, d'une part, dans le fragment de Leyde (*jucundissime... experientia tua*); de l'autre, dans
un des fragments de la Bibliothèque royale (*Andrea, frater
amantissime... itaque auctoritas tua*). Nulle part je n'ai rencontré
ces formules reproduites deux fois dans un même acte, et j'ai
poussé mes recherches assez loin pour acquérir la conviction
qu'il était en effet d'usage de ne pas les répéter. Cet usage,
comme tant d'autres, n'est peut-être pas sans exception, mais
il est du moins établi par de nombreux exemples, et si je
n'avais pas d'autres motifs à faire valoir, entre deux hypothèses, il faudrait préférer celle qui ne le contredirait pas.
Mais ce qui m'a décidé surtout à voir dans ces papyrus les

fragments de deux rescrits différents, c'est qu'en examinant le texte du papyrus de Leyde, dont les trois colonnes se succèdent dans un ordre rigoureux, puisqu'elles appartiennent à un seul et même fragment, je vois qu'il est question d'abord d'un fonctionnaire réclamant un salaire qui lui est dû, *solacia ex militia sua debita;* qu'immédiatement après vient l'allocution directe qui annonce les ordres de l'empereur; que ces ordres s'appliquent, 1° au payement d'une dette, *solutionem debiti;* 2° à une réparation due par d'injustes détenteurs d'esclaves, *iniquos detentatores mancipiorum ad eum pertinentium;* 3° à l'annulation d'un contrat de vente entaché de violence, *instrumento emptionali per vim confecto;* et qu'enfin je trouve une disposition relative au salaire dont il a été question plus haut, *solacia sive emolumenta ex militia.* J'en conclus que les décisions de l'empereur ont été énoncées, comme cela est naturel, dans l'ordre qui avait été suivi pour l'exposition des faits, puisque la décision relative au salaire est la dernière de toutes, et qu'elle se rapporte au fait qui termine la partie narrative du rescrit. Il en résulte aussi que les trois autres décisions se rapportent à trois faits qui ont dû être préalablement exposés dans le même ordre. En effet, il est question, dans le premier fragment de la Bibliothèque royale, d'abord des *injustes détenteurs,* ensuite du contrat de vente entaché de violence; et quand même on pourrait méconnaître au premier coup d'œil la relation qui existe entre les mots *iniquis eorum detentatoribus* et ceux-ci *iniquos detentatores mancipiorum,* les deux passages relatifs au contrat de vente renferment tant d'idées analogues exprimées souvent par les mêmes mots, qu'on en reviendrait naturellement à voir, dans le pronom *eorum,* l'équivalent du substantif *mancipia,* exprimé sans doute dans une partie de l'acte qui n'a pas été conservée et qui devait aussi mentionner,

immédiatement auparavant, le payement de la dette à laquelle
s'applique la première décision du rescrit. Ainsi, en admet-
tant l'hypothèse à laquelle je me suis arrêté, on établit un
accord parfait entre le premier fragment de la Bibliothèque
royale et le papyrus de Leyde. Mais il résulte de cette hypothèse que les quatre décisions exprimées dans le papyrus de
Leyde embrassent probablement tous les points sur lesquels
ce rescrit a dû statuer, puisqu'il n'y a pas de lacune entre la
première de ces décisions et celle qui s'applique au salaire,
solatia sive emolumenta, c'est-à-dire au dernier des faits men-
tionnés dans le récit. Je crois d'ailleurs qu'on essayerait inutilement de combiner cette première portion du texte, soit avec
le dernier fragment de la Bibliothèque royale, soit avec le
fragment du Louvre. En effet, je vois dans le dernier fragment
de la Bibliothèque royale, *ad suam jurisdictionem pertinere cognoverit;* et, quoique la conjonction nécessaire pour compléter
le sens n'existe plus aujourd'hui, il est impossible de ne pas
reconnaître que ce passage signifie, *si cette affaire appartient à
la juridiction.* Or, cette pensée se trouve déjà exprimée dans le
papyrus de Leyde, et tout le monde conviendra que des formules de cette nature ne doivent se rencontrer qu'une fois
dans un rescrit; dans le cas même où elles auraient été omises
par inadvertance, le magistrat aurait dû les suppléer d'office,
et ne pas se saisir d'une affaire qui n'aurait pas appartenu à
sa juridiction. C'est ce que l'on peut légitimement conclure
du texte suivant : « Generaliter, quotiens princeps ad præsi-
« des provinciarum remittit negotia per rescriptiones, veluti
« *eum qui provinciæ præest adire poteris;* vel, cum hac adjectione,
« *is æstimabit quid sit partium suarum;* non imponitur necessitas
« proconsuli vel legato suscipiendæ cognitionis, quamvis non
« sit adjectum, *is æstimabit quid sit partium suarum :* sed is æsti-

« mare debet, utrum ipse cognoscat, an judicem dare debeat [1]. »

Le dernier fragment de la Bibliothèque royale n'appartient donc pas au même acte que le fragment de Leyde, puisqu'ils renferment l'un et l'autre, indépendamment de l'allocution directe dont j'ai parlé tout à l'heure, une formule qu'il eût été complétement inutile d'insérer deux fois dans un même rescrit. J'ajoute que, placé immédiatement avant le papyrus du Louvre, le dernier fragment de la Bibliothèque royale s'y rattache naturellement. En effet, les deux premières lignes de ce fragment, qui terminent la partie narrative d'un nouveau rescrit, parlent d'une affranchie qu'il faut ramener comme ingrate à l'état d'esclavage; viennent ensuite des décisions qui s'appliquent, 1° à des conventions extorquées par la crainte, 2° à une restitution dont l'objet nous serait connu sans une lacune de papyrus, puis enfin à une affranchie qu'il faut replacer dans son ancienne condition, et qui sans aucun doute est l'affranchie Thermuthia nommée dans le fragment de la Bibliothèque royale. Je dois rappeler, d'ailleurs, que la septième ligne de ce dernier fragment paraît terminer la colonne dont elle fait partie; que, d'un autre côté, dans le papyrus du Louvre, la ligne qui est aujourd'hui la première n'a jamais été précédée d'aucune autre, et que par conséquent l'état matériel de ces deux papyrus se prête à un rapprochement autorisé et en quelque sorte commandé par le texte. J'ajouterai enfin que les mots *sub certa causa*, appartenant à la dernière ligne du papyrus de la Bibliothèque royale, ont une relation évidente avec les mots *causa non secuta*, qui se lisent au commencement du papyrus du Louvre [2]; tout concourt donc à

---

[1] *Dig.* lib. I, tit. xviii, *De officio præsidis*, l. 9.

[2] Ce passage du rescrit offre l'analogie la plus évidente avec le tit. iv du liv. XII du Digeste: *De condictione causa data, causa non secuta.*

prouver la relation étroite qui existe entre ces deux fragments.

Je crois avoir démontré que les textes fournis par ces papyrus sont des portions de rescrits impériaux; que ces rescrits ont dû être adressés à un magistrat d'Égypte, plutôt au
gouverneur de la Thébaïde qu'au préfet augustal; enfin que,
malgré la similitude parfaite des caractères tracés sur ces divers fragments, il est impossible de ne pas reconnaître qu'ils
appartiennent à deux rescrits différents, dont j'ai distribué les
éléments suivant un ordre qui doit être légitime, puisqu'il est
justifié par la déduction naturelle des idées et par les usages
suivis pour plusieurs formules employées dans les actes impériaux.

Il me reste maintenant à donner quelques explications,
moins sur le texte fourni par les papyrus que sur les passages
que j'ai dû suppléer. Il y a des lettres qui ne subsistent pas
en entier, mais que l'on reconnaît facilement à certains traits
qu'il serait impossible de rattacher à un autre élément de
l'alphabet. Quelquefois ces traits ne s'appliquent pas nécessairement à une lettre en particulier, mais ils ne peuvent convenir qu'à deux ou trois tout au plus. De cette circonstance et
d'autres qu'il serait fort long d'expliquer, résultent différents
degrés de probabilité pour telle ou telle restitution. Je ne
conserve aucun doute sur l'exactitude du texte des cinq premières lignes du fragment de la Bibliothèque royale. Dans la
sixième ligne le mot *exiguo* est douteux, cependant il reste
quelques traces de l'*e* et de l'*u;* dans la septième, les mots
illas cum sibi ne sont indiqués que par le sens; il en est de
même du mot *denique,* qui forme à lui seul la huitième ligne:
je rappellerai seulement que cette ligne, d'après l'état matériel du papyrus, devait être fort courte, et que dans le frag-

ment du Louvre le mot *dispositura,* qui forme aussi une ligne complète, autorise à cet égard l'hypothèse que j'ai adoptée. Tout ce qui est placé entre crochets, au commencement des lignes appartenant à la première colonne du papyrus de Leyde, ne peut être justifié que par le sens général de l'acte; je n'ai donc pas à donner d'explication particulière à cet égard, si ce n'est pour la fin du mot *jurisdictionem,* où M. Massmann a lu les syllabes *cionem,* parce qu'il n'a pas tenu compte d'un trait qui existe entre le *c* et l'*i,* et qui appartient nécessairement à une lettre intermédiaire que je crois être un *t*[1], mais qui, en tout cas, ne permettrait pas d'admettre la restitution *porcionem*[2] indiquée par M. Massmann. Le même auteur a proposé, pour la troisième colonne du papyrus de Leyde, des restitutions dont plusieurs sont justifiées par le supplément de texte que fournit le deuxième fragment de la Bibliothèque royale; mais quelques autres sont contrariées par ce texte, qui d'ailleurs laisse encore beaucoup d'obscurité sur le sens de la dernière partie du rescrit. Je suis porté à croire que le mot *compellendo* se rapporte à *Isidoro* et qu'il forme ainsi une sorte d'ablatif absolu, qui, sans être d'une bonne latinité, n'est pas cependant sans exemple[3]. Dans cette hypothèse, Isidore serait la personne qui s'est approprié le salaire du demandeur. Ce même Isidore serait désigné par les mots *personæ ad jus spectabili,* qui, à la rigueur, peuvent signifier un personnage ayant droit en justice à certains priviléges. En tout cas, les

---

[1] Un trait horizontal qui se rattache à la partie supérieure de l'*i* et qui se dirige vers la gauche, forme nécessairement la barre du *t.*

[2] Je pourrais aussi faire observer au besoin que le même mot se trouve dans la seconde colonne du papyrus de Leyde, et qu'il y est écrit *portionem* et non *porcionem.*

[3] «Censemus heredem pro sua indevo- «tione in omnes expensas quas legatarius «in lite fecit, in quadruplum ei condem- «nari, jure patronatus integro legatario «servando.» (Cod. *De fidei commissariis libertatibus,* l. 17.)

mots *ita tamen* indiquent assez clairement ou une restriction ou une observation qui doit s'appliquer à l'exécution de la sentence relative au payement du salaire, et les doutes que l'on peut conserver sur le sens de cette disposition additionnelle ne détruisent en rien, ce me semble, les raisonnements que j'ai présentés. A partir du mot *dispositura,* le sens du papyrus du Louvre peut présenter aussi des doutes. Le relatif *quam,* séparé de son antécédent par le mot *servi,* forme une construction pénible, mais qu'il faut bien admettre, puisque les mots *servi* et *quam* se lisent parfaitement dans le texte. Quant aux mots *servi prece signati,* on peut, je crois, les traduire ainsi : *les esclaves signalés par la requête.*

Après avoir fait connaître le sens général de ce texte, j'aurais voulu pouvoir en déterminer l'âge; mais les recherches que j'ai commencées dans cette intention ne m'ont conduit qu'à des conjectures trop douteuses pour que je croie devoir en rendre compte à l'Académie. J'ai pensé néanmoins qu'elle accueillerait peut-être avec indulgence un travail fort imparfait sans doute, mais qui se rapporte à un genre de paléographie encore peu connu, et qui par conséquent est digne de quelque intérêt.

Avant de terminer, je dois avertir que, depuis le jour où j'ai fait la première lecture de ce mémoire, M. Champollion-Figeac a publié, dans la Paléographie universelle de M. Silvestre, le *fac-simile* de quatre lignes appartenant au premier fragment de la Bibliothèque royale. La notice qui accompagne ce *fac-simile* m'a appris que M. Champollion possédait une parcelle de l'un de ces papyrus. Il a eu la complaisance de me la communiquer, et j'y ai lu le mot *perhibentur* qui termine, je crois, la première ligne du troisième fragment de la Bibliothèque royale. Il existe en effet, dans le haut de ce troi-

sième fragment, deux traits appartenant à une ligne précédente : le second de ces traits sert à compléter une des lettres
du mot *perhibentur*, la lettre *h*, dont la partie inférieure manque
sur la parcelle appartenant à M. Champollion-Figeac. Du
reste, ce mot devait terminer un membre de phrase qui est
aujourd'hui détruit, et par conséquent il ne peut fournir aucune indication nouvelle sur le sens du texte que j'ai publié;
mais j'ai cru devoir le représenter sur le *fac-simile* joint à ce
mémoire, afin de ne rien omettre de ce qui se rattache à ces
curieux fragments de papyrus.

FIN.

www.ingramcontent.com/pod-product-compliance
Lightning Source LLC
Chambersburg PA
CBHW051206050726

47594CB00007B/3080